Impressum
Verlag: BABADADA GmbH, Nedderfeld 112 , 22529 Hamburg
Geschäftsführer / Verlagsleitung: Harald Hof
Druck: Books on Demand GmbH, In de Tarpen 42, 22848 Norderstedt

Imprint
Publisher: BABADADA GmbH, Nedderfeld 112 , 22529 Hamburg, Germany
Managing Director / Publishing direction: Harald Hof
Print: Books on Demand GmbH, In de Tarpen 42, 22848 Norderstedt

school

դպրոց

classroom
մատյան
divide
բաժանել
186/2
board
գրատախտակ
խաղադաշտ
teacher
ուսուցիչ
paper
թուղթ
write
գրել
pen
գրիչ
desk
գրասեղան
ruler
քանոն
book
գիրք
pupil
աշակերտ

satchel

պայուսակ

pencil case

գրչատուփ

pencil

մատիտ

pencil sharpener

մատիտի սրիչ

rubber

ռետին

drawing pad

նկարչական ալբոմ

drawing

նկարչություն

paintbrush

վրձին

paint box

ներկերի տուփ

scissors

մկրատ

glue

սոսինձ

exercise book

տետր

homework

Տնային աշխատանք

number

թիվ

add

գումարել

subtract

հանել

multiply

բազմապատկել

calculate

հաշվել

letter

տառ

alphabet

այբուբեն

word

բառ

text

տեքստ

read

կարդալ

chalk

կավիճ

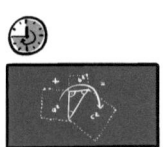

lesson

դաս

register

մատյան

exam

քննություն

certificate

վկայական

school uniform

դպրոցական համազգեստ

education

կրթություն

encyclopedia

հանրագիտարան

university

համալսարան

microscope

մանրադիտակ

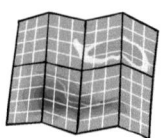

map

քարտեզ

waste-paper basket

աղբարկղ

travel

ճանապարհորդություն

hotel
հյուրանոց
hostel
հանրակացարա
ն
bureau de change
փոխանակման կետ
CHANGE
car
ավտոմեքենա

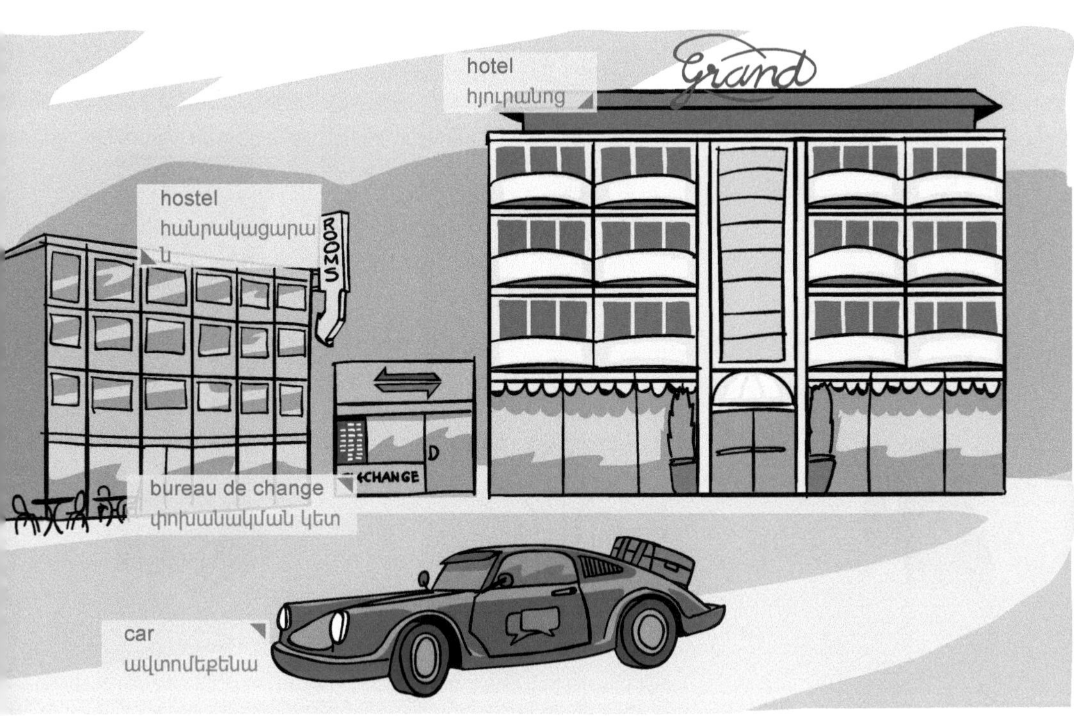

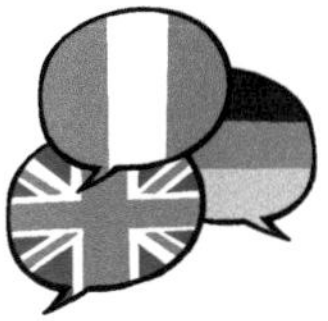

language

լեզու

yes / no

այո / ոչ

Okay

Լավ

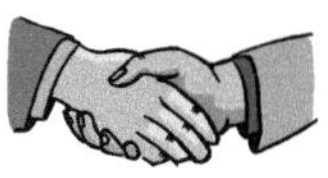

hello

ողջույն

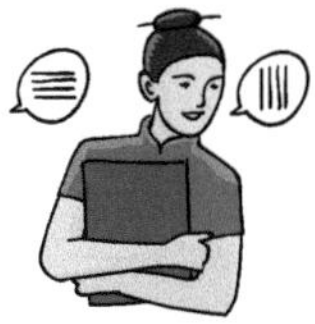

translator

թարգմանիչ

Thank you

Շնորհակալություն

how much is…?

Որքան է ...?

I do not understand

Ես չեմ հասկանում

problem

խնդիր

Good evening!

Բարի երեկո

Good morning!

Բարի լույս

Good night!

Բարի երեկո

bye bye

ցտեսություն

direction

ուղղություն

luggage

ուղեբեռ

bag

պայուսակ

backpack

մեջքի պայուսակ

guest

հյուր

room

սենյակ

sleeping bag

քնապարկ

tent

վրան

tourist information

Զբոսաշրջության
տեղեկատվական

beach

լողափ

credit card

ԿՐԵԴԻՏ քարտ

breakfast

նախաճաշ

lunch

լանչ

dinner

ճաշ

ticket

տոմս

lift

վերելակ

stamp

կնիք

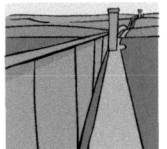

border

սահման

customs

մաքսային

embassy

դեսպանություն

visa

մուտքի արտոնագիր

passport

անձնագիր

transport
Փոխադրամիջոցներ

aeroplane
ինքնաթիռ
ship
նավ
fire engine
հրշեջ մեքենա
bus
ավտոբուս
truck
բեռնատար մեքենա
motorboat
մոտորանավակ
bike
հեծանիվ
car
ավտոմեքենա

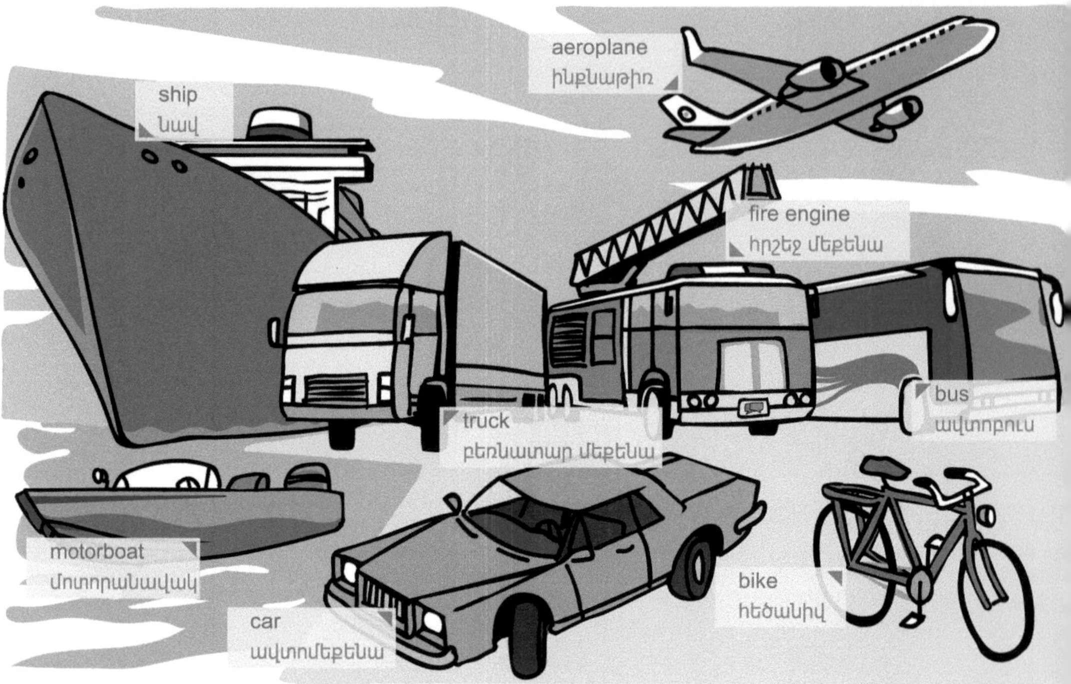

ferry

....

լաստանավ

boat

....

նավակ

motorbike

....

մոտոցիկլ

police car

....

ոստիկանության մեքենա

racing car

....

մրցարշավային մեքենա

rental car

....

վարձակալվող մեքենա

car sharing

մեքենայի վարձակալում

breakdown truck

էվակուատոր

refuse truck

աղբահանության մեքենա

motor

շարժիչ

fuel

վառելիք

petrol station

բենզալցակայան

traffic sign

երթևեկության նշան

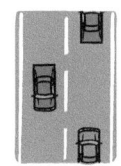

traffic

երթևեկություն

traffic jam

խցանում

car park

ավտոկանգառ

train station

երկաթուղային կայարան

tracks

երկաթուղագիծ

train

գնացք

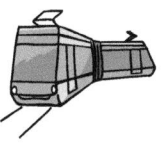

tram

տրամվայ

carriage

վագոն

helicopter

ուղղաթիռ

airport

օդանավակայան

tower

աշտարակ

passenger

ուղեւոր

container

աման

carton

խավաքարտ

cart

սայլ

basket

զամբյուղ

take off / land

հանեք / հողատարածք

city
քաղաք

village

գյուղ

city centre

քաղաքի կենտրոնում

house

տուն

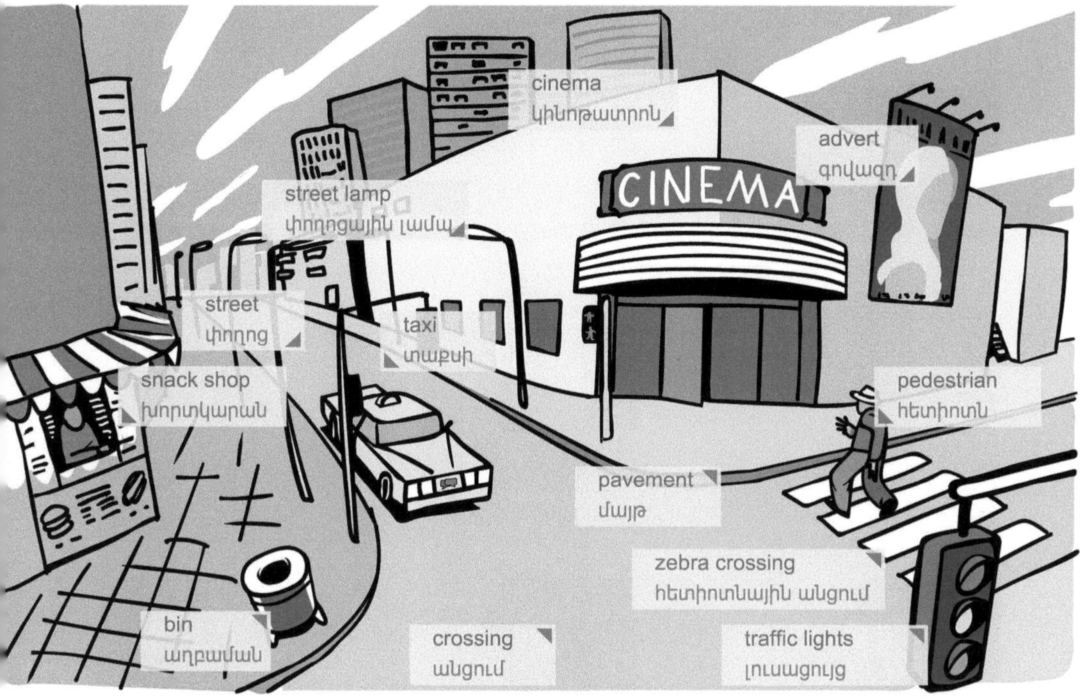

cinema
կինոթատրոն
CINEMA
advert
գովազդ
street lamp
փողոցային լամպ
street
փողոց
taxi
տաքսի
snack shop
խորտկարան
pedestrian
հետիոտն
pavement
մայթ
zebra crossing
հետիոտնային անցում
bin
աղբաման
crossing
անցում
traffic lights
լուսացույց

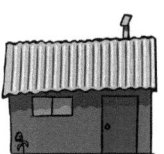

hut

խրճիթ

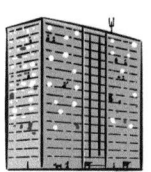

flat

բնակարան

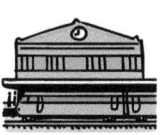

train station

երկաթուղային կայարան

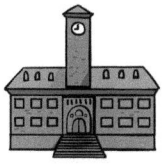

town hall

քաղաքապետարան

MUSEUM

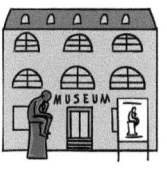

museum

թանգարան

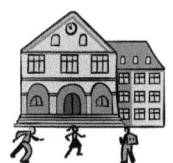

school

դպրոց

university

համալսարան

bank

բանկ

hospital

հիվանդանոց

hotel

հյուրանոց

pharmacy

դեղատուն

office

գրասենյակ

book shop

գրքույկ խանութ

shop

խանութ

florist's

ծաղկի խանութ

supermarket

սուպերմարկետ

market

շուկա

department store

հանրախանութ

fishmonger's

ձկան խանութ

shopping centre

առեւտրի կենտրոն

harbour

նավահանգիստ

park

զբոսայգի

bench

բանկերը

bridge

կամուրջ

stairs

աստիճաններ

underground

մետրո

tunnel

թունել

bus stop

ավտոբուսի կանգառ

bar

բար

restaurant

ռեստորան

postbox

փոստարկղ

street sign

փողոցային նշան

parking meter

ավտոկայանման հաշվիչ

zoo

կենդանաբանական այգի

swimming pool

լողավազան

mosque

մզկիթ

farm

ֆերմա

pollution

աղտոտման

graveyard

գերեզմանոց

church

եկեղեցի

playground

խաղահրապարակ

temple

տաճար

landscape
բնապատկեր

signpost
ուղղության նշան

way
ճանապարհ

meadow
մարգագետին

stone
քար

tree
ծառ

hiker
արշավականներ

river
գետ

grass
խոտ

flower
ծաղիկ

valley

հովիտ

hill

բլուր

lake

լիճ

forest

անտառ

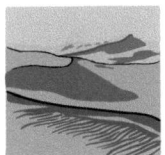

desert

անապատ

volcano

հրաբուխ

castle

ամրոց

rainbow

ծիածան

mushroom

սունկ

palm tree

արմավենու ծառ

mosquito

մժեղ

fly

թռչել

ant

մրջյուն

bee

մեղու

spider

սարդ

beetle

բզեզ

frog

գորտ

squirrel

սկյուռ

hedgehog

ոզնի

hare

նապաստակ

owl

բու

bird

թռչուն

swan

կարապ

boar

վարազ

deer

եղջերու

moose

իշայծյամ

dam

պատնեշ

wind turbine

քամին տուրբինների

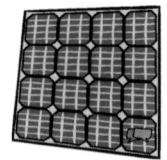

solar panel

արեւային վահանակ

climate

կլիմա

restaurant
ռեստորան

waiter
մատուցող
menu
մենյու
chair
աթոռ
soup
ապուր
pizza
պիցցա
cutlery
սպասք
tablecloth
սփռոց

starter
....
ստարտեր

main course
....
հիմնական կերակուր

dessert
....
դեսերտ

drinks
....
օրական

food
....
սնունդ

bottle
....
շիշ

fast food

արագ սնունդ

street food

streetfood

teapot

թեյնիկ

sugar bowl

շաքարաման

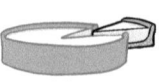

portion

բաժին

espresso machine

էսպրեսսո մեքենա

high chair

մանկական աթոռ

bill

օրինագիծ

tray

սկուտեղ

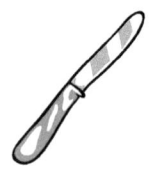

knife

դանակ

fork

պատառաքաղ

spoon

գդալ

teaspoon

թեյի գդալ

serviette

անձեռոցիկ

glass

ապակի

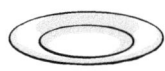

plate

ափսե

soup plate

խոր ափսե

saucer

պնակ

sauce

սոուս

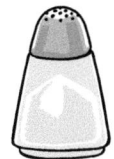

salt pot

աղաման

pepper mill

պղպեղի աղաց

vinegar

քացախ

oil

ձեթ

spices

համեմունքներ

ketchup

կետչուպ

mustard

մանանեխ

mayonnaise

մայոնեզ

supermarket
սուպերմարկետ

special offer
հատուկ առաջարկ
customer
հաճախորդ
FOR
dairy
Dairy
fruit
միրգ
trolley
գնումների սայլակ

butcher´s

մսամթերքի խանութ

baker´s

հացամթերքի խանութ

weigh

կշռել

vegetables

բանջարեղեն

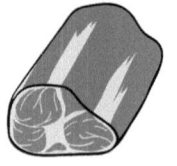

meat

միս

frozen food

սառեցված սննդամթերքի

cold meat

երշիկեղեն

tinned food

պահածոների

washing powder

լվացքի փոշի

sweets

քաղցրավենիք

household products

տնտեսական ապրանքներ

cleaning products

մաքրող միջոցներ

salesperson

վաճառող

till

դրամարկղ

cashier

գանձապահ

shopping list

գնումների ցուցակ

opening hours

ժամերը

wallet

դրամապանակ

credit card

ԿՐԵԴԻՏ քարտ

bag

պայուսակ

plastic bag

պլաստիկ տոպրակ

drinks
օրական

water
ջուր

juice
հյութ

milk
կաթ

coke
կոլա

wine
գինի

beer
գարեջուր

alcohol
սպիրտ

cocoa
կակաո

tea
թեյ

coffee
սուրճ

espresso
էսպրեսսո

cappuccino
կապուչինո

banana

բանան

apple

խնձոր

orange

նարնջի

melon

սեխ

lemon

կիտրոն

carrot

գազար

garlic

սխտոր

bamboo

բամբուկ

onion

սոխ

mushroom

սունկ

nuts

ընկուզեղեն

noodles

արիշտա

spaghetti

սպագետտի

rice

բրինձ

salad

աղցան

chips

չիպս

fried potatoes

տապակած կարտոֆիլ

pizza

պիցցա

hamburger

համբուրգեր

sandwich

սենդվիչ

cutlet

կոտլետ

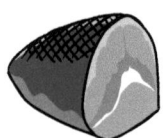

ham

խոզապուխտ

salami

սալյամի

sausage

երշիկ

chicken

հավ

roast

խորոված

fish

ձուկ

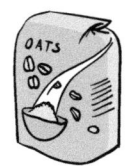

porridge oats

վարսակի փաթիլներ

muesli

մյուսլի

cornflakes

եգիպտացորենի փաթիլներ

flour

ալյուր

croissant

կրուասան

bread roll

բուլկի

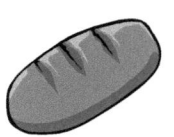

bread

հաց

toast

տոստ

biscuits

թխվածքաբլիթներ

butter

կարագ

curd

կաթնաշոռ

cake

տորթ

egg

ձու

fried egg

տապակած ձու

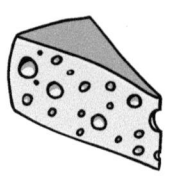

cheese

պանիր

ice cream

պաղպաղակ

sugar

շաքար

honey

մեղր

jam

ջեմ

chocolate spread

նուգա սերուցք

curry

կարրի

goat

այծ

cow

կով

calf

հորթ

pig

խոզ

piglet

խոճկոր

bull

ցուլ

goose

սագ

duck

բադ

chick

ճուտ

hen

հավ

cock

աքլոր

rat

առնետ

cat

կատու

mouse

մուկ

ox

ցուլ

dog

շուն

doghouse

շան բուն

garden hose

այգու փողրակ

watering can

watering կարող է

scythe

գերանդի

plough

գութան

sickle

մանգաղ

hoe

թոխր

pitchfork

եղան

axe

կացին

wheelbarrow

միանիվ ձեռնասայլակ

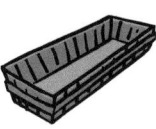

trough

կերակրատաշտ

milk can

կաթի բիդոն

sack

պարկ

fence

ցանկապատ

stable

կայուն

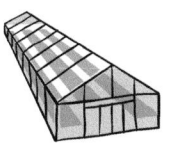

greenhouse

ջերմոց

soil

հող

seed

սերմ

fertilizer

պարարտանյութ

combine harvester

բերքահավաք կոմբայն

harvest

բերք

harvest

բերք

yams

յամս

wheat

ցորեն

soy

սոյա

potato

կարտոֆիլ

corn

եգիպտացորեն

rapeseed

rapeseed

fruit tree

մրգային ծառ

cassava

manioc

cereals

շիլաներ

house

տուն

living room

հյուրասենյակ

bathroom

լողասենյակ

kitchen

խոհանոց

bedroom

ննջարան

child's room

մանկական սենյակ

dining room

ճաշասենյակ

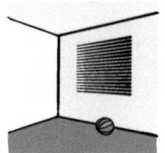

floor

հարկ

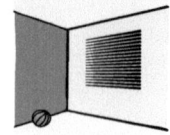

wall

պատ

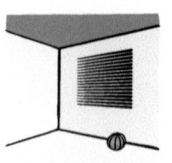

ceiling

առաստաղ

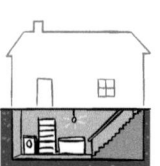

cellar

նկուղ

sauna

շոգեբաղնիք

balcony

պատշգամբ

terrace

պատշգամբ

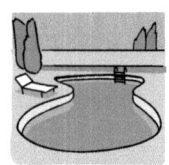

pool

ավազան

lawn mower

խոտհնձիչ

sheet

թերթ

bedspread

անկողնու ծածկոց

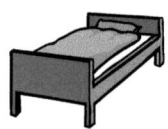

bed

մահճակալ

broom

ավել

bucket

դույլ

switch

անջատիչ

living room
հյուրասենյակ

carpet

գորգ

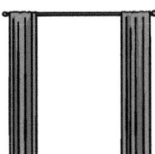

curtain

վարագույր

table

սեղան

chair

աթոռ

rocking chair

ճոճվող բազկաթոռ

armchair

բազկաթոռ

book

գիրք

blanket

վերմակ

decoration

զարդարանք

firewood

վառելափայտ

film

ֆիլմ

hi-fi equipment

hi-fi

key

բանալի

newspaper

թերթ

painting

նկար

poster

պլակատ

radio

ռադիո

notepad

տետր

hoover

փոշեկուլ

cactus

կակտուս

candle

մոմ

kitchen

խոհանոց

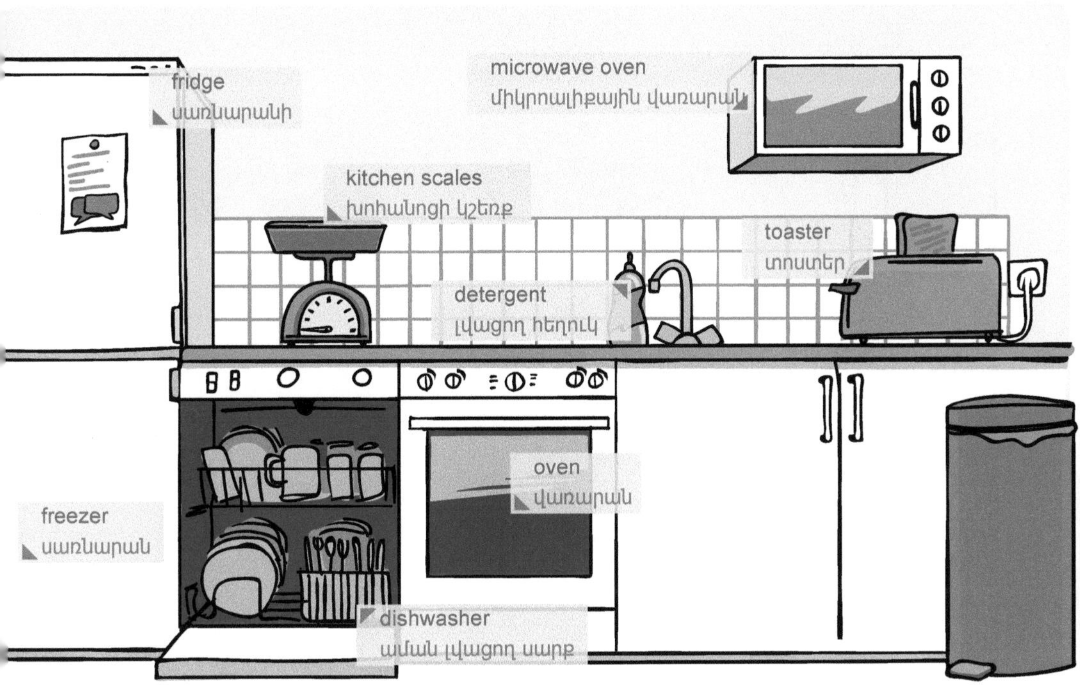

microwave oven
միկրոալիքային վառարան
fridge
սառնարանի
խոհանոցի կշեռք
toaster
տոստեր
detergent
լվացող հեղուկ
oven
վառարան
freezer
սառնարան
dishwasher
աման լվացող սարք

cooker
կաթսա

pot
կճուճ

cast-iron pot
թուջե աման

wok / kadai
wok / kadai

pan
թավա

kettle
թեյնիկ

steamer

շոգենավ

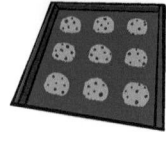

baking tray

ջեռոցի սկուտեղ

crockery

ամանեղեն

mug

բաժակ

bowl

խորը աման

chopsticks

փայտիկներ

ladle

շերեփ

spatula

խոհանոցային բահիկ

whisk

հարել

strainer

քամիչ

sieve

մաղ

grater

քերիչ

mortar

հավանգ

barbecue

խորոված

open fire

բաց կրակի

chopping board

տախտակ

rolling pin

գրտնակ

corkscrew

խցանահան

can

բանկա

can opener

բացիչ

pot holder

խոհանոցային բռնիչ

sink

լվացարան

brush

խոզանակ

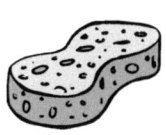

sponge

սպունգ

blender

բլենդեր

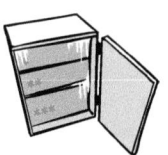

deep freezer

սառնարան

baby bottle

մանկական շիշ

tap

թակել

bathroom

լողասենյակ

heating
ջեռուցում
towel
սրբիչ
shower
ցնցուղ
shower curtain
լոգարանի վարագույր
bubble bath
փրփուրով վաննա
bathtub
լոգարան
glass
ապակի
washing machine
լվացքի մեքենա
tap
թակել
tiles
սալիկներ
potty
մանր
sink
լվացարան

toilet
զուգարան

squat toilet
կզելը զուգարան

bidet
բիդե

urinal
pissoir

toilet paper
զուգարանի թուղթ

toilet brush
զուգարանի խոզանակ

toothbrush

ատամի խոզանակ

toothpaste

ատամի քսուք

dental floss

ատամի թել

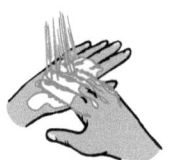

wash

լվանալ

handheld shower

ձեռքի ցնցուղ

douche

ցնցուղ

basin

ավազան

back brush

մեջքի խոզանակ

soap

օճառ

shower gel

լոգանքի գել

shampoo

շամպուն

flannel

ճիլոպ

drain

հատականցք

cream

կրեմ

deodorant

դեզոդորանտ

mirror

հայելի

hand mirror

ձեռքի հայելի

razor

սափրիչ

shaving foam

Սափրվելու փրփուր

aftershave

սափրվելուց հետո քսվող լոսյոն

comb

սանր

brush

խոզանակ

hair dryer

մազերի չորացուցիչ

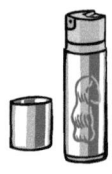

hairspray

մազի լաք

makeup

դիմահարդարում

lipstick

շրթնաներկ

nail varnish

եղունգների լաք

cotton wool

բամբակ

nail scissors

եղունգների մկրատ

perfume

օծանելիք

washbag

դիմահարդարման պայուսակ

stool

աթոռակ

weighing scale

կշեռք

bathrobe

լողանալու խալաթ

rubber gloves

ռետինե ձեռնոցներ

tampon

տամպոն

sanitary towel

սանիտարական սրբիչ

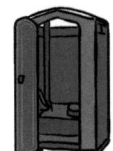

chemical toilet

քիմիական զուգարան

child's room
մանկական սենյակ

alarm clock
զարթուցիչ ժամացույց
cuddly toy
փափուկ խաղալիք
toy car
խաղալիք մեքենա
rattle

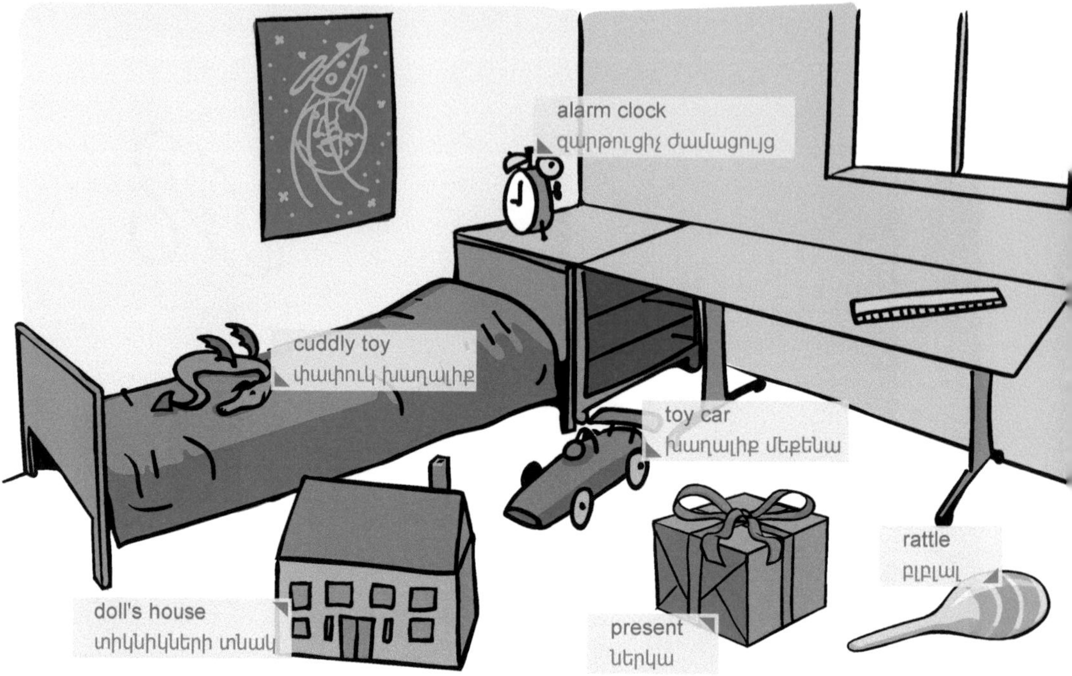

balloon
փուչիկ

bed
մահճակալ

pram
մանկական սայլակ

deck of cards
խաղաթղթեր

jigsaw
խճապատկեր

comic
կոմիքս

lego bricks

Լեգո կուբիկներ

building blocks

կառուցողական
խաղալիքներ

action figure

ակցիան գործիչ

babygrow

մանկական բոդի

frisbee

Frisbee

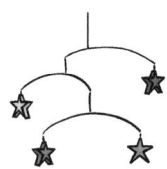

mobile

շարժական

board game

խաղատախտակ

dice

զառախաղ

model train set

գնացքների կազմ

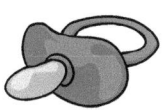

dummy

ծծակ

party

կուսակցություն

picture book

մանկական
պատկերազարդ գիրք

ball

գնդակ

doll

տիկնիկ

play

խաղալ

sandpit

ավազե խաղահրապարակի

swing

ռիթմ

toys

Խաղալիքներ

video game console

վիդեո խաղ մխիթարել

tricycle

եռանիվ հեծանիվ

teddy bear

խաղալիք արջուկ

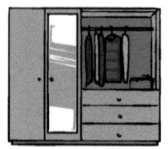

wardrobe

պահարան

clothing

հագուստ

socks

կիսագուլպա

stockings

գուլպա

tights

զուգագուլպա

scarf
շարֆ

umbrella
հովանոց

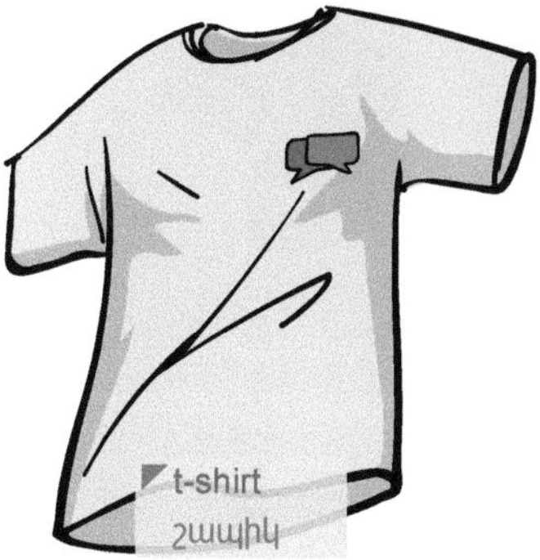

t-shirt
շապիկ

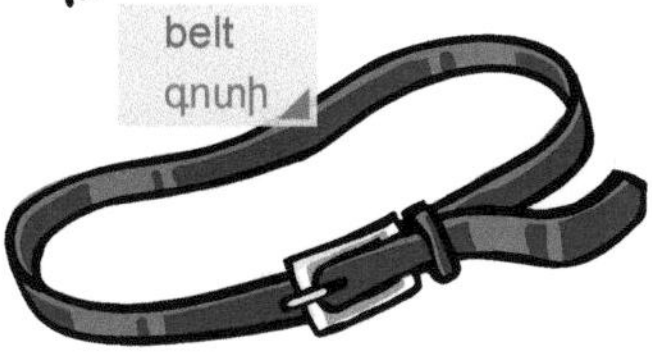

belt
գոտի

boots
կոշիկ

slippers
հողաթափեր

trainers
սպորտային կոշիկներ

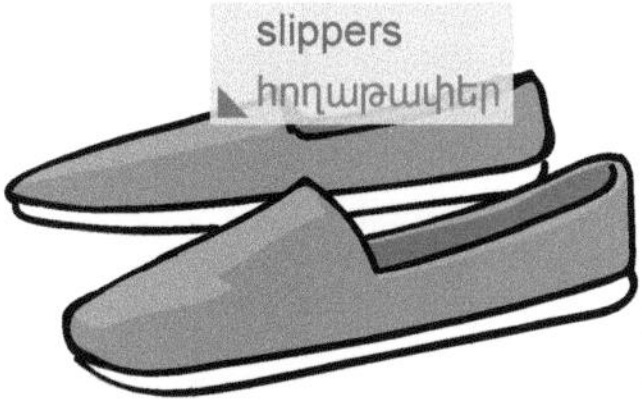

sandals
սանդալներ

shoes
կոշիկ

rubber boots
ռետինե կոշիկներ

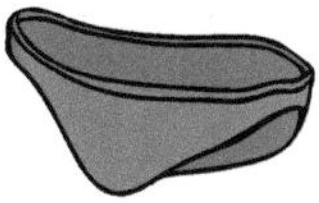

underpants
վարտիք

bra
կրծկալ

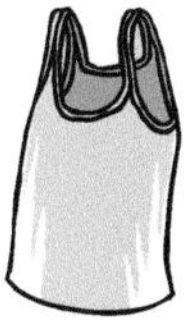

vest
մայկա

body

մարմին

trousers

անդրավարտիք

jeans

ջինս

skirt

կիսաշրջազգեստ

blouse

բլուզ

shirt

վերնաշապիկ

pullover

պուլովեր

hoodie

սպորտային կուրտկա

blazer

պիջակ

jacket

կուրտկա

coat

վերարկու

raincoat

անձրևանոց

costume

կանացի կոստյում

dress

զգեստ

wedding dress

հարսանյաց զգեստ

suit

տղամարդու կոստյում

nightgown

գիշերանոց

pyjamas

պիժամա

sari

Սարի

headscarf

գլխաշորն

turban

չալմա

burqa

չադրա

kaftan

արևելյան խալաթ

abaya

հաստ վերարկու

swimsuit

կանացի լողազգեստ

trunks

տղամարդու լողազգեստ

shorts

շորտ

tracksuit

սպորտային համազգեստ

apron

գոգնոց

gloves

ձեռնոցներ

button

կոճակ

glasses

ակնոց

bracelet

ապարանջան

necklace

վզնոց

ring

մատանի

earring

ականջօղ

cap

գլխարկ

coat hanger

կախիչ

hat

գլխարկ

tie

փողկապ

zip

շղթա

helmet

սաղավարտ

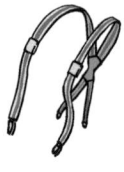

braces

տաբատակալ

school uniform

դպրոցական համազգեստ

uniform

համազգեստ

bib

մանկական գոգնոց

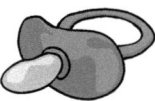

dummy

ծծակ

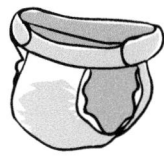

nappy

մանկական տակդիր

office

գրասենյակ

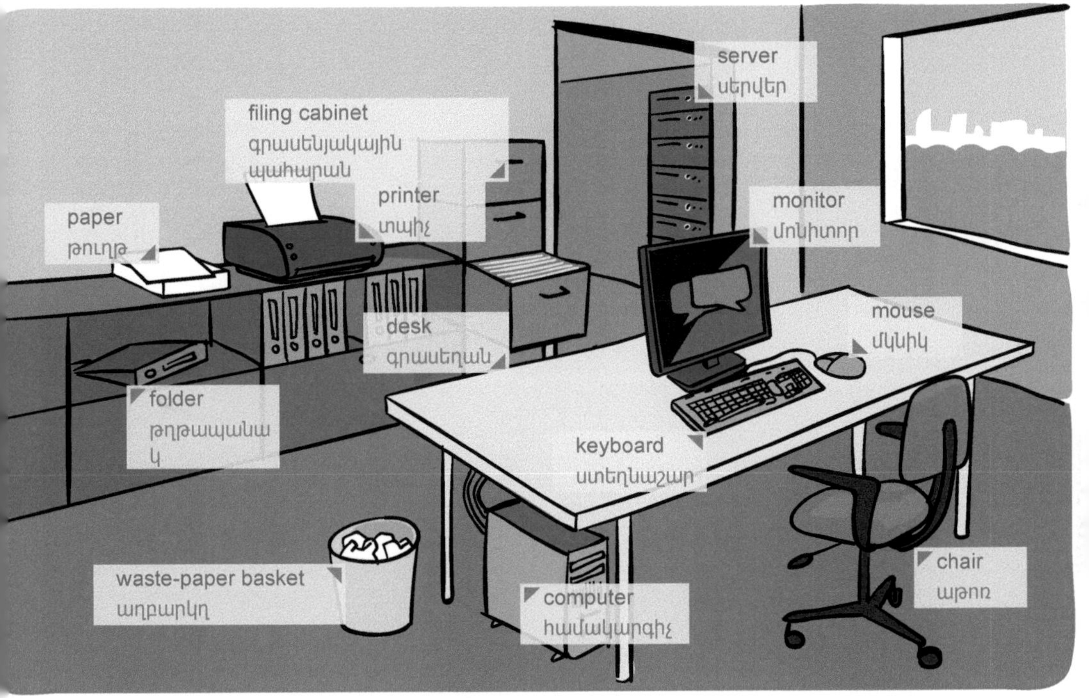

server
սերվեր

filing cabinet
գրասենյակային
պահարան

printer
տպիչ

monitor
մոնիտոր

paper
թուղթ

mouse
մկնիկ

desk
գրասեղան

folder
թղթապանա
կ

keyboard
ստեղնաշար

chair
աթոռ

waste-paper basket
աղբարկղ

computer
համակարգիչ

coffee mug

սուրճի գավաթ

calculator

հաշվիչ

internet

ինտերնետ

laptop

laptop

letter

նամակ

message

հաղորդագրություն

mobile

բջջային հեռախոս

network

ցանց

photocopier

պատճենահանման սարք

software

ծրագրային ապահովում

telephone

հեռախոս

plug socket

վարդակ

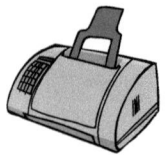

fax machine

ֆաքսի մեքենա

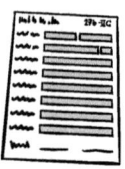

form

տեսակ

document

փաստաթուղթ

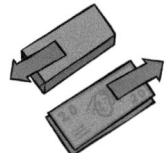

buy

գնել

pay

վճարել

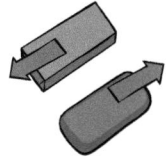

trade

առեւտրի

money

փող

dollar

դոլար

euro

եվրո

yen

իեն

rouble

ռուբլի

Swiss franc

շվեյցարական ֆրանկ

renminbi yuan

յուան

rupee

ռուպի

cashpoint

բանկոմատ

bureau de change

փոխանակման կետ

gold

ոսկի

silver

արծաթ

oil

նավթ

energy

էներգիա

price

գին

contract

պայմանագիր

tax

հարկ

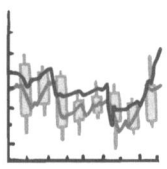

stock

ակցիաներ

work

աշխատանք

employee

ծառայող

employer

գործատուն

factory

գործարան

shop

խանութ

occupations

մասնագիտություն

police officer
ոստիկան
fireman
հրշեջ
cook
խոհարար
doctor
բժիշկ
pilot
օդաչու

gardener

այգեպան

carpenter

ատաղձագործ

seamstress

դերձակուհի

judge

դատավոր

chemist

քիմիկոս

actor

դերասան

bus driver

ավտոբուսի վարորդ

taxi driver

տաքսու վարորդ

fisherman

ձկնորս

cleaning lady

հավաքարար

roofer

տանիքագործ

waiter

մատուցող

hunter

որսորդ

painter

նկարիչ

baker

հացթուխ

electrician

էլեկտրատեխնիկ

builder

շինարար

engineer

ինժեներ

butcher

մսագործ

plumber

ջրմուղագործ

postman

փոստարար

soldier

զինվոր

architect

ճարտարապետ

cashier

գանձապահ

florist

ծաղկավաճառ

hairdresser

վարսավիր

conductor

տոմսավաճառ

mechanic

մեխանիկ

captain

կապիտան

dentist

ատամնաբույժ

scientist

գիտնական

rabbi

ռաբբի

imam

Իմամ

monk

կուսակրոն

clergyman

հոգևորական

tools

գործիքներ

hammer
մուրճ
pliers
տափակաբերան
աքցան
screwdriver
պտուտակահա
ն
spanner
դարձակ
torch
լապտեր

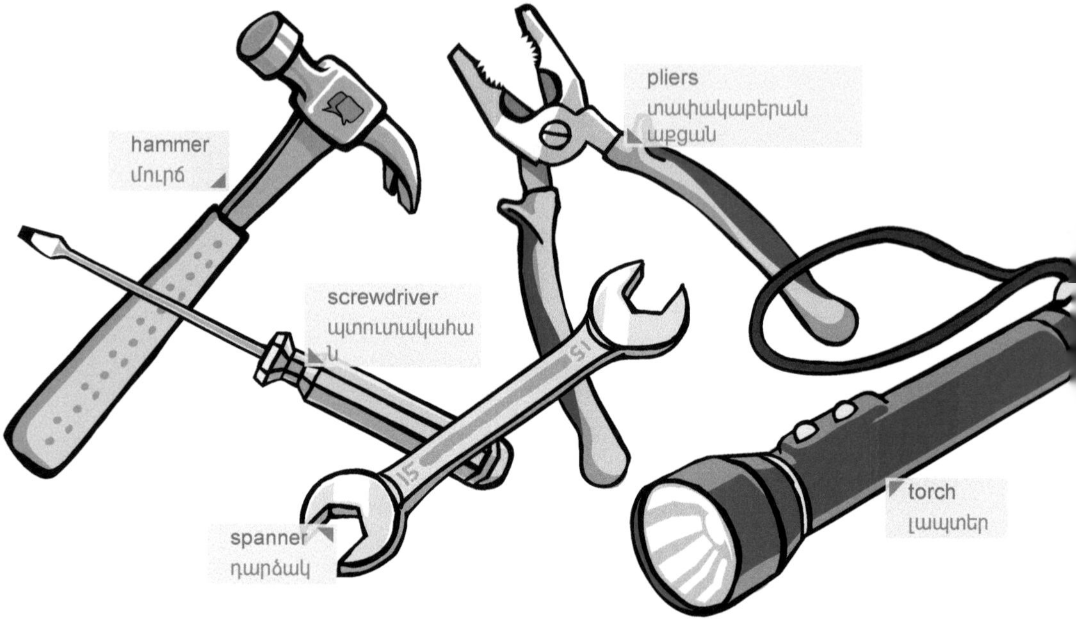

digger

էքսկավատոր

toolbox

գործիքների տուփ

ladder

սանդուղք

saw

սղոց

nails

մեխեր

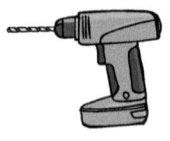

drill

գայլիկոն

repair

նորոգում

shovel

բահ

Damn!

գրողը տանի

dustpan

գոգաթիակ

paint pot

ներկաման

screws

պտուտակներ

musical instruments
երաժշտական գործիքներ

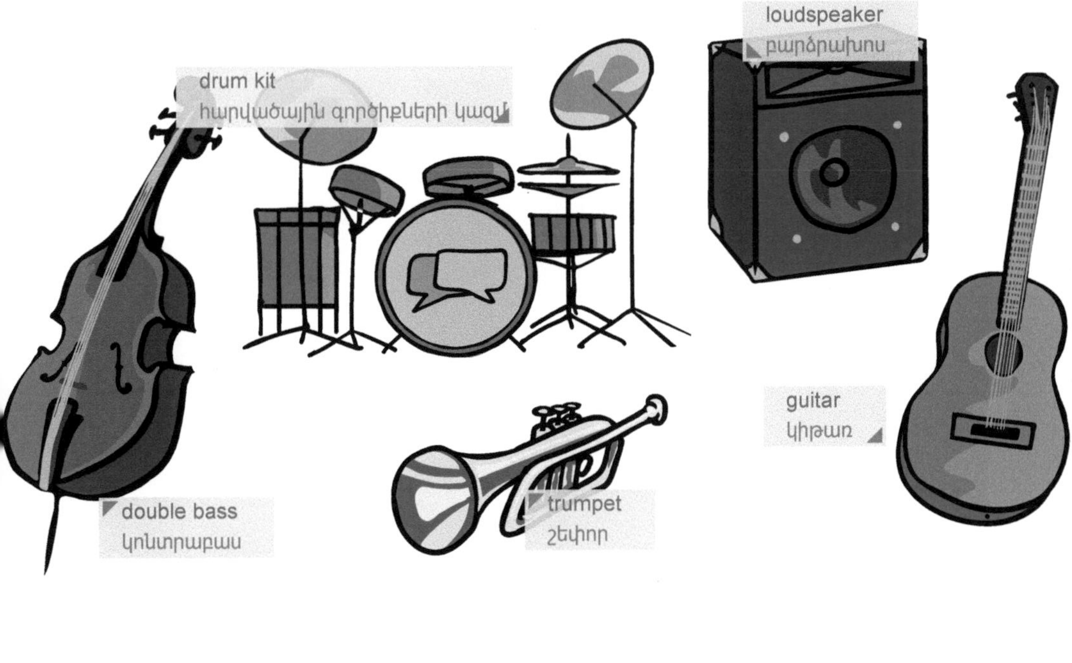

drum kit
հարվածային գործիքների կազմ

loudspeaker
բարձրախոս

double bass
կոնտրաբաս

trumpet
շեփոր

guitar
կիթառ

piano

դաշնամուր

violin

ջութակ

bass

բաս

timpani

թմբուկներ

drums

հարվածային գործիքներ

keyboard

ստեղնաշար

saxophone

սաքսոֆոն

flute

ֆլեյտա

microphone

միկրոֆոն

musical instruments - երաժշտական գործիքներ

tiger
վագր

cage
վանդակ

entrance
մուտք

zebra
զեբր

animal feed
կենդանիների կերակուր

panda
պանդա

animals

կենդանիներ

elephant

փիղ

kangaroo

կենգուրու

rhino

ռնգեղջյուր

gorilla

գորիլա

bear

գորշ արջ

camel

ուղտ

ostrich

ջայլամ

lion

առյուծ

monkey

կապիկ

flamingo

ֆլամինգո

parrot

թութակ

polar bear

բևեռային արջ

penguin

պինգվին

shark

շնաձուկ

peacock

սիրամարգ

snake

օձ

crocodile

կոկորդիլոս

zookeeper

կենդանաբանական այգու
աշխատող

seal

փոկ

jaguar

յագուար

zoo - կենդանաբանական այգի

pony

պոնի

leopard

ընձառյուծ

hippo

գետաձի

giraffe

ընձուղտ

eagle

արծիվ

boar

վարազ

fish

ձուկ

turtle

կրիա

walrus

ծովացուլ

fox

աղվես

gazelle

վիթ

sports
սպորտներ

American football
ամերիկյան ֆուտբոլ
cycling
հեծանվավազք
tennis
թենիս
basketball
բասկետբոլ
swimming
լող
boxing
բռնցքամարտ
ice hockey
հոկեյ

football
ֆուտբոլ

badminton
բադմինտոն

athletics
աթլետիկա

handball
ձեռքի գնդակ

skiing
դահուկային սպորտ

polo
պոլո

jump
ցատկել

laugh
ծիծաղել

hug
գրկել

walk
քայլել

sing
երգել

dream
երազել

pray
աղոթել

kiss
համբուրել

write
գրել

draw
նկարել

show
ցույց տալ

push
հրել

give
տալ

take
վերցնել

have

ունենալ

do

դեպի

be

լինել

stand

կանգնել

run

վազել

pull

քաշել

throw

նետել

fall

ընկնել

lie

ստել

wait

սպասել

carry

կրել

sit

նստել

get dressed

հագնվել

sleep

քնել

wake up

արթնանալ

activities - գործունեություն

look at

նայել

cry

լացել

stroke

շոյել

comb

սանրվել

talk

խոսել

understand

հասկանալ

ask

հարցնել

listen

լսել

drink

խմել

eat

ուտել

tidy up

հարդարվել

love

սիրել

cook

խոհարար

drive

քշել

fly

թռչել

sail

լողալ

calculate

հաշվել

read

կարդալ

learn

սովորել

work

աշխատանք

marry

ամուսնանալ

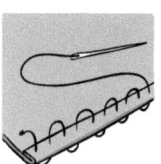

sew

կարել

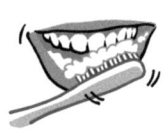

brush teeth

ատամները լվանալ

kill

սպանել

smoke

ծուխ

send

ուղարկել

family
ընտանիք

grandmother
տատիկ
grandfather
պապիկ
father
հայր
mother
մայր
baby
երեխա
daughter
դուստր
son
որդի

guest

հյուր

aunt

հորաքույր

uncle

հորեղբայր

brother

եղբայր

sister

քույր

body
մարմին

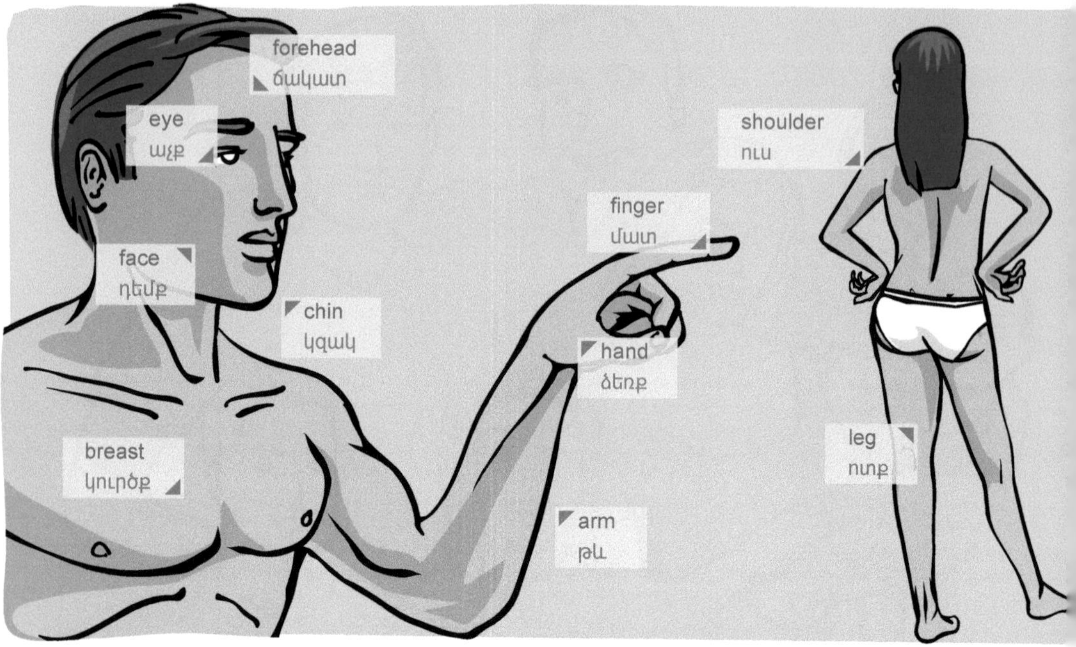

forehead
ճակատ

eye
աչք

shoulder
ուս

finger
մատ

face
դեմք

chin
կզակ

hand
ձեռք

breast
կուրծք

leg
ոտք

arm
թև

baby
....
երեխա

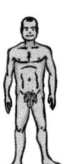

man
....
մարդ

woman
....
կին

girl
....
աղջիկ

boy
....
տղա

head
....
գլուխ

body - մարմին

back

մեջք

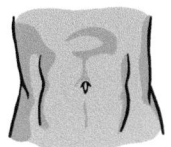

belly

փոր

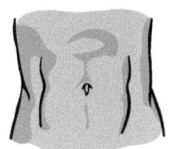

belly button

պորտ

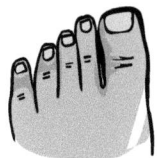

toe

ոտնամատ

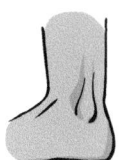

heel

կրունկ

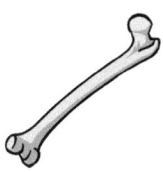

bone

ոսկոր

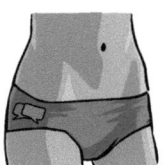

hip

ազդր

knee

ծունկ

elbow

արմունկ

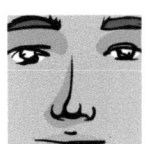

nose

քիթ

bottom

հետույք

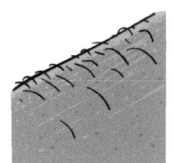

skin

մաշկ

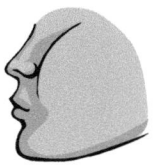

cheek

այտ

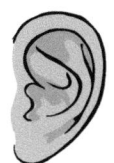

ear

ականջ

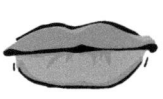

lip

շրթունք

mouth

բերան

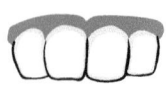

tooth

ատամ

tongue

լեզու

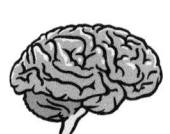

brain

ուղեղ

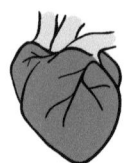

heart

սիրտ

muscle

մկան

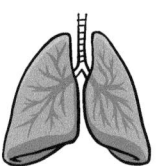

lung

թոք

liver

լյարդ

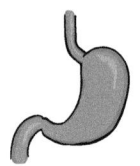

stomach

ստամոքս

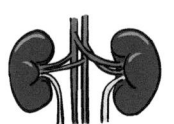

kidneys

երիկամներ

sex

սեքս

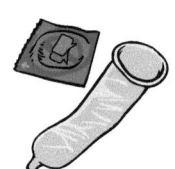

condom

պահպանակներ

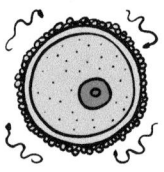

ovum

ձվաբջիջը

semen

Սեմյոն

pregnancy

հղիություն

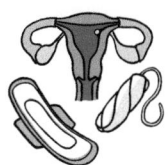

menstruation

դաշտան

vagina

հեշտոց

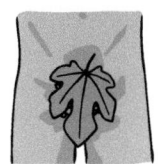

penis

առնանդամ

eyebrow

հոնք

hair

մազ

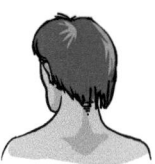

neck

պարանոց

hospital
հիվանդանոց

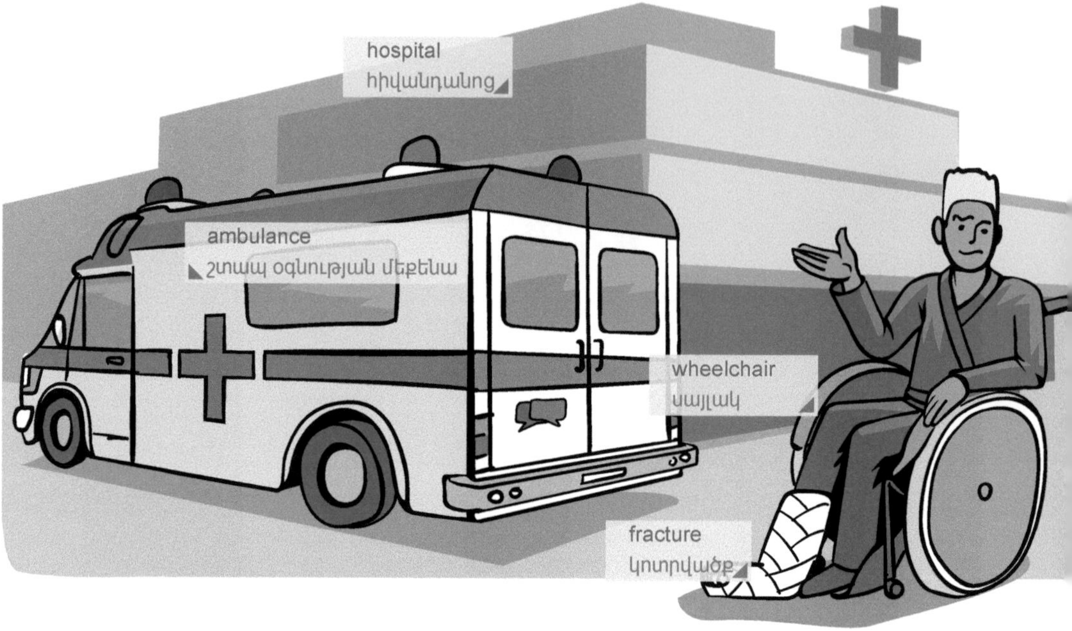

hospital
հիվանդանոց
ambulance
շտապ օգնության մեքենա
wheelchair
սայլակ
fracture
կոտրվածք

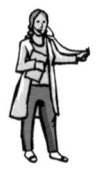

doctor

բժիշկ

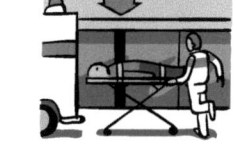

emergency room

շտապ օգնության սենյակ

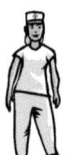

nurse

բուժքույր

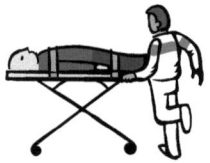

emergency

շտապ օգնություն

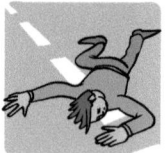

unconscious

անգիտակից

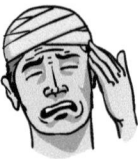

pain

ցավ

injury

վնասվածք

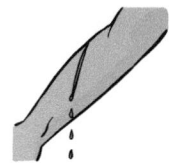

bleeding

արյունահոսություն

heart attack

սրտի կաթված

stroke

կաթված

allergy

ալերգիա

cough

հազ

fever

տենդ

flu

գրիպ

diarrhoea

փորլուծություն

headache

գլխացավ

cancer

քաղցկեղ

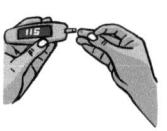

diabetes

դիաբետ

surgeon

վիրաբույժ

scalpel

վիրադանակ

operation

վիրահատություն

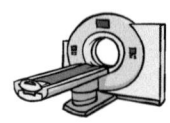

CT

CT

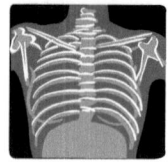

x-ray

ռենտգեն

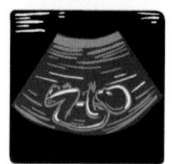

ultrasound

ուլտրաձայնային

face mask

դեմքի դիմակ

disease

հիվանդություն

waiting room

սպասասրահ

crutch

հենակ

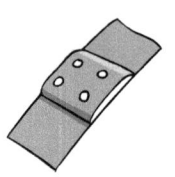

plaster

սպեղանի

bandage

վիրակապ

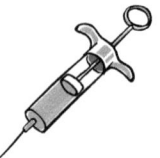

injection

ներարկում

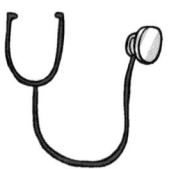

stethoscope

լսափողակ

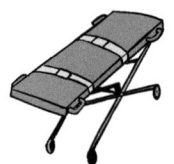

stretcher

պատգարակ

clinical thermometer

ջերմաչափ

birth

ծնունդ

overweight

ավելաքաշ

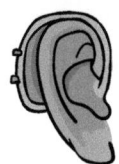

hearing aid

լսելով օգնության

disinfectant

ախտահանիչ

infection

վարակ

virus

վիրուս

HIV / AIDS

ՄԻԱՎ / ՁԻԱՀ

medicine

դեղորայք

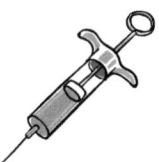

vaccination

պատվաստում

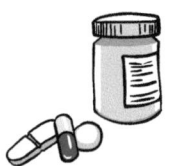

tablets

հաբեր

pill

հաբ

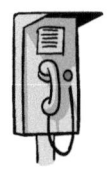

emergency call

ահազանգ

blood pressure monitor

արյան ճնշման չափիչ սարք

ill / healthy

հիվանդ / առողջ

emergency
շտապ օգնություն

Help!

Օգնություն!

alarm

տագնապի ազդանշան

assault

հարձակում

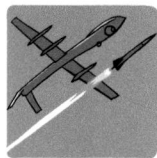

attack

հարձակում

danger

վտանգ

emergency exit

վթարային ելք

Fire!

Հրդեհ

fire extinguisher

կրակմարիչ

accident

վթար

first-aid kit

առաջին օգնության դեղարկղ

SOS

SOS

police

ոստիկանություն

Earth
Երկիր

Europe

Եվրոպա

North America

Հյուսիսային Ամերիկա

South America

Հարավային Ամերիկա

Africa

Աֆրիկա

Asia

Ասիա

Australia

Ավստրալիա

Atlantic

Ատլանտյան օվկիանոս

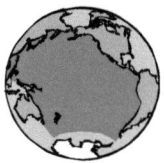

Pacific

Խաղաղ օվկիանոս

Indian Ocean

Հնդկական օվկիանոս

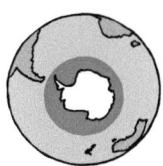

Antarctic Ocean

Հարավային Սառուցյալ օվկիանոս

Arctic Ocean

Հյուսիսային Սառուցյալ օվկիանոս

North Pole

հյուսիսային բևեռ

South Pole

հարավային բևեռ

Antarctica

Անտարկտիդա

Earth

երկիր

land

ցամաք

sea

ծով

island

կղզի

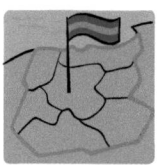

nation

ազգ

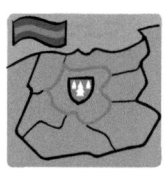

state

պետական

clock face

....

թվատախտակ

hour hand

....

ժամի սլաք

minute hand

....

րոպեի սլաք

second hand

....

վայրկյանի սլաք

What time is it?

....

Ժամը քանիսն է?

day

....

օր

time

....

այսպիսով

now

....

այժմ

digital watch

....

թվային ժամացույց

minute

....

րոպե

hour

....

ժամ

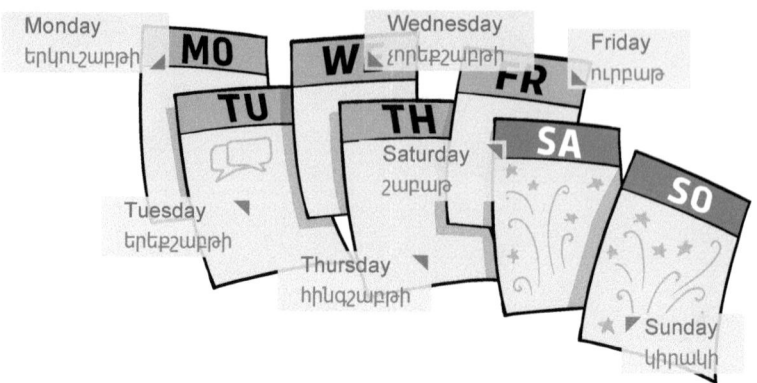

week

շաբաթ

MO
TU
W
TH
FR
SA
Monday
երկուշաբթի
Tuesday
երեքշաբթի
Wednesday
չորեքշաբթի
Thursday
հինգշաբթի
Friday
ուրբաթ
Saturday
Sunday
կիրակի

TUE
MON

yesterday

այսօր

TUE

today

այսօր

TUE

tomorrow

վաղը

morning

առավոտ

noon

կեսօր

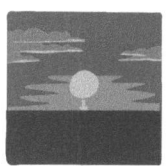

evening

երեկո

business days

աշխատանքային օրեր

weekend

շաբաթվա վերջ

rain
անձրև
spring
գարուն
summer
ամառ
wind
քամի
autumn
աշուն
snow
ձյուն
winter
ձմեռ

4.APRIL 11°
5.APRIL 4°
6.APRIL 13°
7.APRIL 8°
8.APRIL 10°

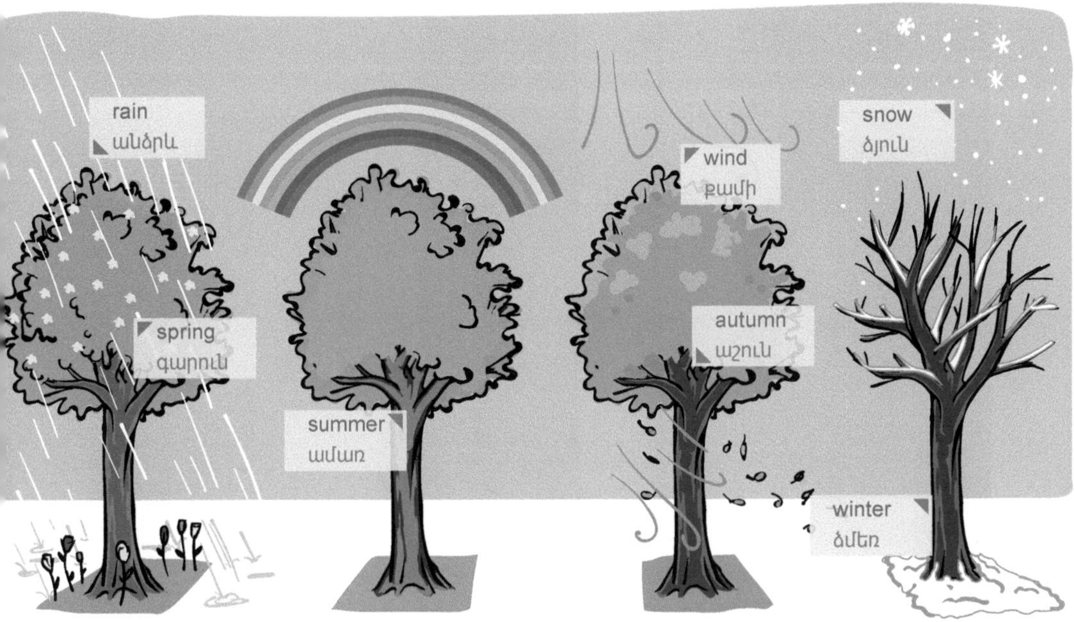

weather forecast

եղանակի տեսություն

0
10
0
-10

thermometer

ջերմաչափ

sunshine

արևի լույս

cloud

ամպ

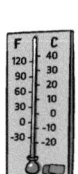

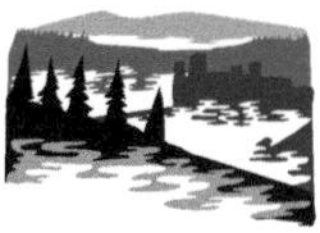

fog

մառախուղ

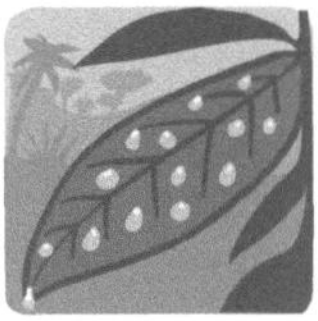

humidity

խոնավություն

lightning

կայծակ

thunder

որոտ

storm

փոթորիկ

hail

կարկուտ

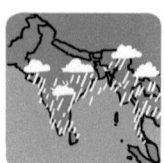

monsoon

մուսոն

flood

ջրհեղեղ

ice

սառույց

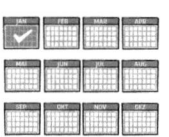

January

հունվար

February

փետրվար

March

մարտ

April

ապրիլ

May

մայիս

June

հունիս

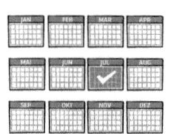

July

հուլիս

August

օգոստոս

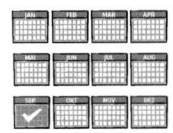

September

սեպտեմբեր

October

հոկտեմբեր

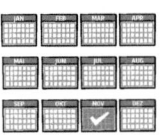

November

նոյեմբեր

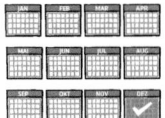

December

դեկտեմբեր

shapes

ձևավորում

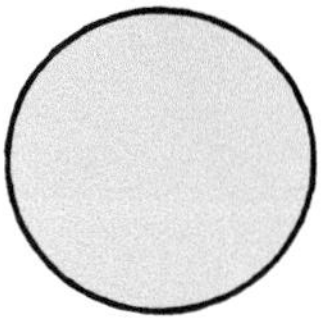

circle

շրջան

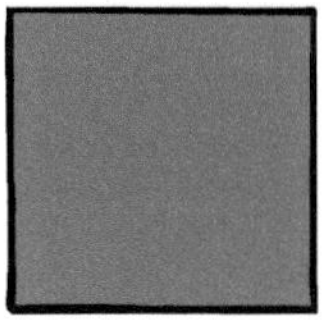

square

քառակուսի

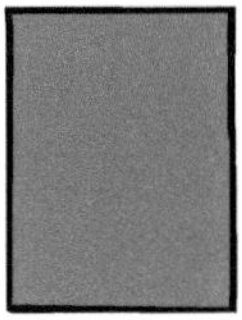

rectangle

ուղղանկյունի

triangle

եռանկյունի

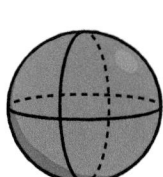

sphere

ասպարեզ

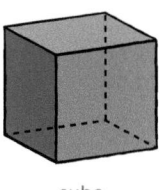

cube

խորանարդ

colours

գույներ

white

....

վարդագույն

yellow

....

մոխրագույն

orange

....

դեղին

pink

....

մանուշակագույն

red

....

կարմիր

purple

....

շագանակագույն

blue

....

կապույտ

green

....

սև

brown

....

նարնջագույն

grey

....

սպիտակ

black

....

կանաչ

opposites
հակադիրներ

a lot / a little

շատ / քիչ

angry / calm

բարկացած / հանգիստ

beautiful / ugly

գեղեցիկ / տգեղ

beginning / end

սկսած / վերջը

big / small

մեծ / փոքր

bright / dark

պայծառ / մութ

brother / sister

եղբայրը / քույրը

clean / dirty

մաքուր / կեղտոտ

complete / incomplete

ամբողջական / թերի

day / night

օր / գիշեր

dead / alive

մեռած / կենդանի

wide / narrow

լայն / նեղ

edible / inedible

ուտելի / անուտելի

evil / kind

չար / բարի

excited / bored

հուզված / ձանձրացրել

fat / thin

հաստ / բարակ

first / last

առաջին / վերջին

friend / enemy

ընկերը / թշնամին

full / empty

լիքը / դատարկ

hard / soft

կոշտ / փափուկ

heavy / light

ծանր / թեթև

hunger / thirst

քաղց / ծարավ

ill / healthy

հիվանդ / առողջ

illegal / legal

անօրինական է /
իրավաբանական

intelligent / stupid

Խելացի / հիմարություն

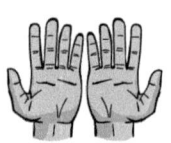

left / right

ձախ / աջ

near / far

մոտիկ / հեռու

new / used

Նոր / օգտագործվում

nothing / something

ոչինչ / ինչ - որ բան

old / young

ծեր / երիտասարդ

on / off

միացում անջատում

open / closed

բաց / փակ

quiet / loud

ցածր / բարձր

rich / poor

հարուստ / աղքատ

right / wrong

ճիշտ / սխալ

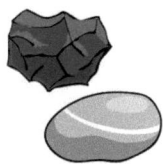

rough / smooth

անհարթ / հարթ

sad / happy

տխուր / ուրախ

short / long

կարճ / երկար

slow / fast

դանդաղ / արագ

wet / dry

թաց / չոր

warm / cool

տաք / թույն

war / peace

պատերազմ / խաղաղությունը

opposites - հակադիրներ

numbers
թվեր

0

zero

զրո

1

one

մեկ

2

two

երկու

3

three

երեք

4

four

չորս

5

five

հինգ

6

six

վեց

7

seven

յոթ

8

eight

ութ

9

nine

ինը

10

ten

տաս

11

eleven

տասնմեկ

12

twelve

տասներկու

13

thirteen

տասներեք

14

fourteen

տասնչորս

15

fifteen

տասնհինգ

16

sixteen

տասնվեց

17

seventeen

տասնյոթ

18

eighteen

տասնութ

19

nineteen

տասնինը

20

twenty

քսան

100

hundred

հարյուր

1.000

thousand

հազար

1.000.000

million

միլիոն

languages

լեզուներ

English

անգլերեն

American English

ամերիկյան անգլերեն

Chinese Mandarin

չինարեն մանդարին

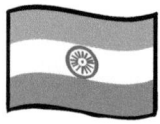

Hindi

հինդի

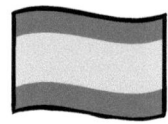

Spanish

իսպաներեն

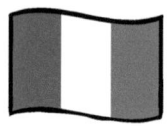

French

ֆրանսերեն

Arabic

արաբերեն

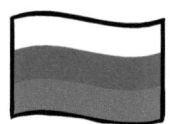

Russian

ռուսերեն

Portuguese

պորտուգալերեն

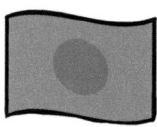

Bengali

բենգալերեն

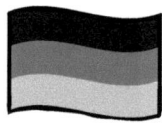

German

գերմաներեն

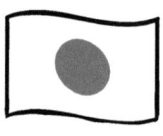

Japanese

ճապոներեն

who / what / how

Ով է /, թե ինչ է /, ինչպես

I

ես

you

դուք

he / she / it

Նա / նա /, որ դա

we

մենք

you

դուք

they

նրանք

who?

Ով է?

what?

ինչ?

how?

ինչպես?

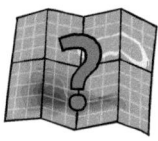

where?

որտեղ.

when?

երբ?

name

անուն

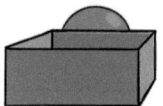

where

որտեղ

behind

ետևում

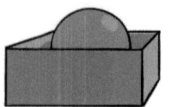

in

մեջ

in front of

դիմաց

over

վրա

on

վրա

under

տակ

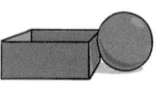

beside

կողքին

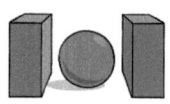

between

միջեւ

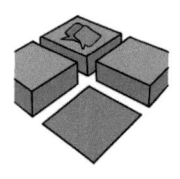

place

տեղ